**Fettgedruckte** Wörter werden im Glossar auf Seite 22 erklärt.

Unter dem Namen **corona** erscheinen Sachbücher für Kinder von 4 bis 14 Jahren.

Grundschule Neuhausen
Schulstraße 5
94560 Offenberg

Dieses Logo bietet Erstlesern, Leseschwachen Kindern und Lehrern und Lehrerinnen online eine zusätzliche Hilfe zu diesem Buch.

Verwenden Sie dafür den Code auf www.coronalesen.de

**54271**

# KREISLAUF des Lebens

## Vom Welpen zum Hund

Camilla de la Bédoyère

corona

**Fettgedruckte** Wörter werden im Glossar auf Seite 22 erklärt.

© 2016 Ars Scribendi Verlag bv, Etten-Leur, Niederlande. *Originaltitel:* Puppy to Dog, Lifecycles © QED Publishing 2009

*Übersetzung:* Sandy Willems-van der Gieth, BVK Buch Verlag Kempen GmbH
*DTP deutsche Ausgabe:* Freek Kuijstermans
*Produktion QED Publishing:* Camilla de la Bédoyère, Alexandra Koken und Melissa Alaverdy.

ISBN 978-94-6175-427-1

Alle Rechte vorbehalten.
Jede Verwertung in anderen als den gesetzlich zugelassenen Fällen bedarf der vorherigen schriftlichen Einwilligung des Verlages. Hinweis zu § 52a UrhG: Weder das Werk noch seine Teile dürfen ohne eine solche Einwilligung eingescannt und in ein Netzwerk gestellt werden. Das gilt auch für Intranets von Schulen oder sonstige Bildungseinrichtungen. Kontaktieren Sie lektorat@coronalesen.de oder besuchen Sie: **www.arsscribendi.com/de**.
Fragen zu den Veröffentlichungen der Ars Scribendi richten Sie bitte an den Herausgeber. Der Herausgeber übernimmt keine Verantwortung für Fehler oder Missverständnisse.

**Rechenschaftspflicht**
Der Herausgeber dankt den folgenden Personen und Organisationen für die Erlaubnis, ihr Material in dieser Publikation zu verwenden und zu reproduzieren:
© Alamy: 12 Blickwinkel, 14 Juniors Bildarchiv, 16 Simon Hart, 17 Juniors Bildarchiv; © Corbis: 6 Herbert Spichtiger, 13 Michael DeYoung; © FLPA: 1 Mark Raycroft/Minden Pictures, 7 rechts Bernd Brinkmann; © NPL: 10 und 17 Jane Burton; © Photolibrary: Coverbild Stefanie Krause-Wieczorek/Imagebroker.net, 1 oben und 8 unten Phoebe Dunn, 5 Malcom Penny, 15 Justin Paget, 19 Juniors Bildarchiv, 20-21 Edwin Stauner; © Shutterstock: Rückseite Jan de Wild, 2 links Potapov Alexander, 2 rechts Africa Studio, 3 oben Erika Mihaljev, 4-5 Jean Frooms, 6-7 Artur Gabrysiak, 8 oben Liliya Kulianoniak, 9 oben Cynoclub, 9 und 18 oben und 24 rechts unten Eric Isselée, 11 Aleksey Ignatenko, 18 Zocci, 19 oben Perig, 20 Boris Djuranovic, 21 oben Clearviewstock, 22-23 Eric Lam, 24 Adomaswillkill.

Mehr Informationen über unser Programm finden Sie auf **www.arsscribendi.com/de**.
Bestellen können Sie über unsere Webseite oder über den Buchhandel.

# Inhalt

Was ist ein Hund? — 4

Hunderassen — 6

Die Entwicklung des Hundes — 8

Freundschaften — 10

Ein neues Leben beginnt — 12

Vorbereitungen — 14

Die Welpen werden geboren — 16

Aufwachsen — 18

Wie Hunde leben — 20

Glossar — 22

Index — 23

Für Eltern und Lehrkräfte — 24

# Was ist ein Hund?

Ein Hund ist ein **Säugetier**. Säugetiere haben eine Haut mit Fell und bekommen Babys, die sie mit Milch füttern.

Hunde sind schlau und können gut riechen. Die meisten Hunde sind **zahm**. Sie können als Haustiere bei uns im Haus leben.

➜ Die Vorderseite beim Hundekopf heißt Schnauze.

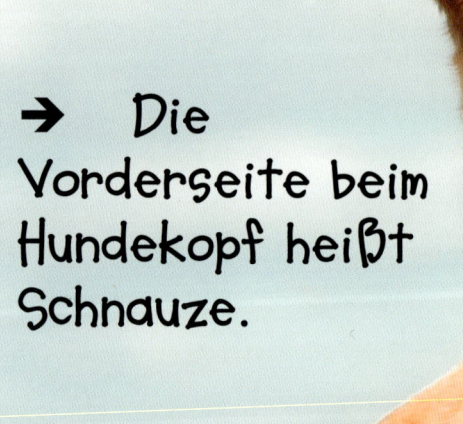

Schnauze

Manche Hunde leben in der Wildnis. Wölfe, Füchse und Dingos sind mit dem Hund verwandt.

Afrikanische wilde Hunde jagen in Gruppen. Solche Gruppen nennen wir Rudel.

Bei der Polizei helfen Hunde zum Beispiel, gestohlene Gegenstände aufzuspüren.

# Hunderassen

Es gibt viele verschiedene Arten von Hunden. Dalmatiner, Doggen, Irish Setter und Pudel sind Beispiele für Hunde**rassen**.

Manche Hunde sind groß und andere sind klein. Manche Hunde buddeln gern und andere lieben es, zu schwimmen.

← Pudel sind schlaue Hunde. Sie haben ein lockiges Fell.

Pudel

**Dackel**

Die kleinsten Hunde nennen wir Schoßhündchen.

**Irish Setter**

Irish Setter haben ein langes, rot glänzendes Fell.

Einen Hund, der kein Rassehund ist, nennen wir Mischling.

# Die Entwicklung des Hundes

Babyhunde nennen wir Welpen. Direkt nach der Geburt sind die Welpen klein und schwach. Sie müssen noch viel wachsen.

Ein Welpe kann der Mutter oder dem Vater oder beiden ähneln.

Welpen verändern sich, wenn sie älter werden. Weibchen haben später vielleicht selbst Junge.

↑ Dieser Welpe ist drei Wochen alt.

← In den ersten Tagen nach der Geburt haben die Welpen die Augen noch geschlossen.

Die Entwicklung vom Welpen zum ausgewachsenen Hund nennt man **Lebenskreislauf**.

↑ Dieser Welpe ist vier Monate alt. Er ist schnell gewachsen.

Hunde können zehn Jahre alt werden oder noch älter – je nach Rasse.

# Freundschaften

Bevor eine Hündin Junge bekommt, **paart** sie sich mit einem Männchen. Sie lernen sich erst einmal gut kennen.

Hunde schnuppern gern aneinander. Ihr Geruch verrät ihnen viel voneinander.

↑ Wenn sich Hunde treffen, beschnuppern sie sich.

# Ein neues Leben beginnt

Das Männchen **befruchtet** die Eizellen im Bauch des Weibchens. Welpen entwickeln sich.

Wenn befruchtete Eizellen in einer Hündin wachsen, ist sie **trächtig**. Bis zur Geburt dauert es zwei bis drei Monate.

↑ Dieser Dalmatiner hat einen dicken Bauch. Darin wachsen Junge.

Die Jungen bekommen Nahrung im Bauch der Mutter. Sie wachsen und der Bauch der Hündin wird dicker.

→ Wenn eine Hündin trächtig ist, darf sie ruhig spazieren gehen. Sie genießt es sogar.

# Vorbereitungen

Nach einiger Zeit braucht eine trächtige Hündin Ruhe. Die Jungen in ihrem Bauch werden größer und sie muss auch mehr fressen.

Die Hündin sucht einen dunklen, ruhigen Schlafplatz. Sie bereitet alles für ihre Welpen vor.

Die Hündin braucht einen weichen Korb an einem warmen Platz.

Wenn es Zeit für die Geburt der Jungen ist, hört die Mutter auf zu fressen und geht zu ihrem Korb.

← Die Hündin ist müde. Ihr Körper braucht Ruhe vor der Geburt.

# Die Welpen werden geboren

Eine Hündin bringt mehrere Welpen zur Welt. Diese nennen wir **Wurf**. Es sind oft sechs Welpen in einem Wurf.

Die Hunde werden taub, blind und hilflos geboren. Die Mutter wäscht sie mit ihrer Zunge. Sie bleibt bei ihren Jungen und gibt ihnen Milch. Sie hält die Welpen warm und beschützt sie.

↑ Diese Mutter hat acht Welpen geboren.

→ Die Welpen trinken Milch bei der Mutter. Sie können noch nicht fressen.

Die Hündin hat **Zitzen** an ihrem Bauch. Die Welpen saugen an den Zitzen und bekommen so Milch.

➜ Dalmatiner werden ohne Flecken geboren. Sie bekommen sie nach ein paar Wochen.

# Aufwachsen

Mit zwei Wochen können Welpen hören und sehen.
Sie können sitzen und sich umsehen.

Die Welpen machen bald ihre ersten Schritte. Sie wollen ihre Umgebung erkunden.

Junge Hunde bleiben bei ihrer Mutter, bis sie ungefähr zehn Wochen alt sind.
Nun können sie essen und spielen.

↑ Wenn Welpen alt genug sind, bekommen sie ein Herrchen.

← Junge Welpen brauchen noch ihre Mutter.

→ Hunde beginnen mit drei oder vier Wochen, Hundefutter zu fressen.

↓ Dieser Hund ist ausgewachsen. Er ist nun ein erwachsener Hund.

# Wie Hunde leben

Welpen werden schnell erwachsen. Viele Hunde werden Haustiere. Arbeitshunde haben wichtige Aufgaben.

Hunde sind schlau und können lernen, Befehle zu befolgen. Die meisten Hunde sind gern beschäftigt. Sie brauchen viel Bewegung.

↑ Golden Retriever können zum Beispiel Menschen helfen, die blind oder gehörlos sind.

Mit einem Jahr können die meisten Hunde Eltern werden. Der Lebenskreislauf beginnt von Neuem.

↑ Border Collies helfen Schäfern, die Schafherde zu hüten.

↓ Huskys sind stark. Sie ziehen Schlitten über den Schnee.

# Glossar

**befruchten**

Die Flüssigkeit vom Männchen verändert die Eizellen im Bauch des Weibchens so, dass daraus Junge entstehen.

**Lebenskreislauf**

Die Entwicklung eines Lebewesens von der Geburt bis zum Tod und die Entstehung von neuem Leben.

**sich paaren**

Ein Männchen versucht, ein Weibchen zu befruchten.

**Rasse**

Eine bestimmte Art Hund.

**Rudel**

Eine Gruppe von Hunden.

**Säugetiere**

Saugetiere haben eine Haut mit Fell. Die Mutter füttert ihre Jungen mit Milch.

**trächtig**

Wenn ein Weibchen Babys im Bauch hat.

**Wurf**

Eine Gruppe von Hunden, die zur gleichen Zeit geboren werden.

**zahm**

Tiere, die nicht wild sind. Sie können Haustiere, Arbeitstiere oder Bauernhoftiere sein.

**Zitzen**

Stelle am Bauch der Mutter, an der Junge Milch trinken können.

# Index

Arbeitshunde 5

befruchten 12, 22

Haustiere 4, 20
Hundefutter/fressen 14, 17, 19

Fell 4, 6, 7

Lebenskreislauf 9, 21, 22

Milch 4, 16, 17

paaren 11, 22

Rassen 6–7, 12, 17, 20–22
Rudel 5

Säugetier 4, 22
Schnauze 4
schnuppern 10
Schoßhündchen 7

Welpen 8–9, 12, 14, 16–18
Wilde Hunde 5
Wurf 16, 22

Zitzen 17, 22

# Für Eltern und Lehrkräfte

Sprechen Sie mit den Kindern gemeinsam über die Bilder im Buch. Lesen Sie die Bildunterschriften und fragen Sie nach Dingen auf den Fotos, die nicht im Text sind.

Nutzen Sie das Internet, um verschiedene Hunderassen zu suchen. Die Unterschiede bei den Rassen können gemeinsam entdeckt und beschrieben werden: Sind sie groß, klein, dünn oder dick? Welche Farbe und Länge hat das Fell und wie sieht der Schwanz aus?

Welpen brauchen viel Pflege und Aufmerksamkeit, genau wie Babys. Sprechen Sie darüber, was Babys allein können und was Erwachsene für sie machen müssen. Entdecken Sie, wie Kinder lernen und wie sie sich verändern, wenn sie älter werden.

Die Kinder wollen vielleicht auch über den Lebenskreislauf des Menschen sprechen. Es gibt viele Bücher, die dieses Thema kindgerecht erklären. Sprechen Sie darüber, wie sich Erwachsene auf die Geburt eines Babys vorbereiten.

Malen Sie mit den Kindern Stammbäume ihrer Familien oder sehen Sie sich lustige Familienfotos mit ihnen an. So verstehen die Kinder besser den Kreislauf des Lebens.